BEI GRIN MACHT SICH IHR WISSEN BEZAHLT

AF137163

- Wir veröffentlichen Ihre Hausarbeit,
  Bachelor- und Masterarbeit

- Ihr eigenes eBook und Buch -
  weltweit in allen wichtigen Shops

- Verdienen Sie an jedem Verkauf

Jetzt bei www.GRIN.com hochladen und kostenlos publizieren

Auswirkungen der Globalisierung auf Unternehmen, Gesellschaft und die UN-Nachhaltigkeitsziele. Am Beispiel der GLS Bank

Marvin Haas

Bibliografische Information der Deutschen Nationalbibliothek:

Die Deutsche Nationalbibliothek verzeichnet diese Publikation in der Deutschen Nationalbibliografie; detaillierte bibliografische Daten sind im Internet über http://dnb.d-nb.de abrufbar.

ISBN: 9783346466587
Dieses Buch ist auch als E-Book erhältlich.

© GRIN Publishing GmbH
Nymphenburger Straße 86
80636 München

Druck und Bindung: Books on Demand GmbH, Norderstedt Germany
Gedruckt auf säurefreiem Papier aus verantwortungsvollen Quellen

Das vorliegende Werk wurde sorgfältig erarbeitet. Dennoch übernehmen Autoren und Verlag für die Richtigkeit von Angaben, Hinweisen, Links und Ratschlägen sowie eventuelle Druckfehler keine Haftung.

Das Buch bei GRIN: https://www.grin.com/document/1044655

Einsendeaufgabe

Vor- und Nachteile der Globalisierung sowie die Auswirkungen der Globalisierung auf Unternehmen und Gesellschaft und die Inhalte der UN-Nachhaltigkeitsziele sowie die UN-Nachhaltigkeitsziele anhand eines Unternehmens aus der privaten Wirtschaft.

Inhaltsverzeichnis

Abkürzungsverzeichnis

GABV	Global Alliance for Banking on Values
GLS	Gemeinschaftsbank für Leihen und Schenken
GPG	Gender-Pay-Gap
PRB	Principles for Responsible Banking
SDG	Sustainable Development Goal
UN	United Nations
UNCTAD	United Nations Conference on Trade an Development

Abbildungsverzeichnis

Tabellenverzeichnis

A1: Globalisierung

Das flächendeckende Internet hat zu einer weltweiten Vernetzung der Menschen und der Wirtschaft geführt. Gerade große Unternehmen haben immer mehr in globalen Beziehungen gedacht und gehandelt, wodurch die Globalisierung wirklich an Fahrt aufgenommen hat. In den letzten Jahren sind jedoch wieder Tendenzen spürbar, die auf eine Deglobalisierung hindeuten, da sich gezeigt hat, dass ein weltweites Wirtschaften nicht nur Vorteile mit sich bringt. Nachfolgendes Kapitel soll daher das Für und Wider einer globalen wirtschaftlichen Zusammenarbeit darstellen.

1. Vor- und Nachteile einer globalen wirtschaftlichen Zusammenarbeit

Vorteile:

Eine globale wirtschaftliche Zusammenarbeit führt dazu, dass der Transport von Waren effizient vonstattengeht, da per Schiff, Lastwagen oder Flugzeug große Mengen auf einmal transportiert werden und so die Kosten gering ausfallen. Insgesamt bildet sich ein weites und vielfältig verzweigtes Transportnetz auf der ganzen Welt aus. [1]

Durch eine globale wirtschaftliche Zusammenarbeit vernetzen sich Länder auch auf Informations- und Nachrichtenebene und nicht nur beim Warenverkehr. Es gibt kaum mehr Länder, die nicht mit dem Rest der Welt vernetzt sind. Das Internet hat daran einen großen Anteil, aber auch Telefon- und andere Kommunikationstechnologien, die bspw. über Satellit ablaufen, verstärken diesen Trend. Gleichzeitig sind die Kosten für dieses Kommunikations- und Nachrichtennetzwerk gering. [2] Nachfolgende exemplarische Abbildung zeigt anschaulich, wie gut die einzelnen Länder und dadurch potenziell die Unternehmen vernetzt sind.

---

[1] Vgl. Ambrosius, G. (2018), S. 303-308
[2] Vgl. Ambrosius, G. (2018), S. 309-310

Abbildung 1:   Kapazitäten der internationalen Seekabel
                 (Quelle: UNCTAD (2004), World Investment Report)

Die weltweite wirtschaftliche Vernetzung als Folge der Globalisierung hat Auswirkungen bis in die Politik, da sie die Bereitschaft zur Zusammenarbeit fördert. Die Globalisierung macht deutlich, dass gewisse Angelegenheiten nicht privatwirtschaftlich oder von nur einem Staat gelöst werden können (Global Governance). Es entsteht das Bewusstsein zu einer „Weltgemeinschaft". [3]

Die Verflechtung der einzelnen Staaten, aber vor allem der einzelnen Märkte führt dazu, dass das Angebot an Waren deutlich steigt. Dem Konsumenten steht beim Kauf von Produkten eine deutlich größere und internationalere Auswahl zur Verfügung. Dieser Wettbewerb führt gleichzeitig dazu, dass Unternehmen herausgefordert werden, so effizient wie möglich bei gleichzeitig maximal niedrigen Kosten zu produzieren. Konsumenten profitieren dadurch von niedrigen Preisen für Güter. [4]

Eine verbesserte wirtschaftliche sowie kommunikative Vernetzung sorgt dafür, dass globale Finanztransaktionen an Bedeutung gewinnen, da sie immer günstiger werden.

Diese Tatsache und das weniger werden von Regulierungen sorgen dafür, dass überall bilaterale Abkommen geschlossen werden und internationale Überweisungen leichter vonstattengehen. Der Anteil an ausländischen Direktinvestitionen erhöhte sich massiv in den letzten Jahren. Der Trend entwickelt sich zu einem globalen Finanztransaktionssystem, was vielfach auch durch verbesserte technische Möglichkeiten bedingt ist. [5]

Bereits vor der Globalisierung entwickelte sich das Prinzip der Arbeitsteilung. Durch die weltweiten wirtschaftlichen Verflechtungen jedoch gewinnt dieses Konzept noch viel mehr an Bedeutung, da es sich räumlich erweitert. Ein riesiger Welthandel entsteht, in dem die Länder oder die Unternehmen genau das produzieren, was sie am besten können. Die Folgen sind ein Anstieg der globalen Wertschöpfung, ein gesteigertes Weltwirtschaftswachstum und ein erhöhter Wissensaustausch. Niedrige Transportkosten, verbesserte technische Geräte und Errungenschaften sowie erhöhte politische Verflechtungen ermöglichen diesen Trend. [6]

---

[3] Vgl. Ambrosius, G. (2018), S. 315
[4] Plumpe, W. (2017), S. 333-338
[5] Vgl. Ambrosius, G. (2018), S. 376
[6] Vgl. Ambrousius, G. (2018), S. 398-409

Nachteile:

Die starke weltweite Vernetzung kann jedoch auch schnell zu Abhängigkeit führen. Aufgrund von niedrigeren Löhnen und geringeren Produktionskosten sind viele Unternehmen ins Ausland abgewandert. Dies hat wiederum zur Folge, dass eine große Menge von Produkten rund um den Globus ins eigene Land importiert werden müssen. Brechen wie im Falle der Corona-Krise Lieferketten ein, sind viele Unternehmen nicht mehr in der Lage, ihren Betrieb in gleichem Maße aufrechtzuerhalten. Gerade die Abhängigkeit von Export-Ländern wie China wird hier deutlich. Auf nationale Produktion umzustellen, ist aber nicht so schnell und so leicht möglich, weshalb die negativen Auswirkungen von starker wirtschaftlicher Verflechtung deutlich zu spüren sind. [7]

Zudem hat seit ungefähr 30 Jahren der internationale Wettbewerb unter den Unternehmen stark an Intensität gewonnen. Das Ringen um Marktanteile wird immer stärker, was dazu führt, dass der Druck auf Unternehmen steigt. Noch billigere Produktion und noch kürzere Innovationszyklen sind die Folge, was zur Ausbeutung von Arbeitnehmern führt und einer stetig sinkenden Qualität der hergestellten Güter. [8]

Der Abbau von Restriktionen, Zöllen und Regulierungen hat Unternehmen viel mehr Freiheit gegeben, zu wirtschaften. Dies zieht jedoch gleichzeitig auch Probleme mit sich. Notwendige „Grenzen" verlieren ihre Schutzfunktion und Einflüsse von außen verändern Wirtschaftssysteme, Sozialsysteme, politische Systeme, Rechtssysteme, Kultursysteme oder Bildungssysteme, da diese Konkurrenten rund um den Globus ausgesetzt sind. In Bezug auf Kunden, Arbeitsplätzen oder Investitionen sieht sich eine Gesellschaft ständigem Anpassungs- und Veränderungsdruck ausgesetzt. [9]

Dieser starke weltweite Wettbewerb führt zu einer weiteren massiven Gefahr, da er Arbeitslosigkeit sowohl in den Industrie- als auch Entwicklungsländern fördert. Unternehmen sind dazu gezwungen, so günstig wie möglich zu produzieren, da sie sonst im internationalen Wettbewerb nicht mithalten könnten. Die reine Produktion von Gütern wird daher in Niedriglohnländer ausgelagert, was jedoch dazu führt, dass im Land dieser Unternehmen keine unqualifizierten oder einfachen Arbeiter mehr benötigt werden, sondern nur noch hochqualifizierte. Diese einfachen Arbeiter werden arbeitslos und haben langfristig kaum eine

---

[7] Vgl. Hillberg, K. (2020), S. 137
[8] Vgl. Koch, E. (2017), S. 26-27
[9] Vgl. Koch, E. (2017), S. 90-92

Chance, in den Arbeitsmarkt zurückzukehren. [10] Der durch die Globalisierung angeheizte Welthandel hat zudem große negative Auswirkungen auf die Umwelt. Dies bezieht sich nicht nur auf die direkten Einflüsse von bspw. riesigen Mengen Abgasen durch den Transport von Gütern, sondern auch auf indirekte Komponenten. Kann das Recht auf eine Ressource international vermarktet werden, steigert sich natürlich der Wert dieses Anrechtes. Bedient ein Unternehmen nicht nur den lokalen Markt, sondern kann es auch exportieren, entsteht eine Hebelwirkung, deren Auswirkungen deutlich größer sind. Die Folgen sind das Abholzen der Regenwälder, die Überfischung der Meere oder Verschmutzung der Luft. [11]

Nachfolgende Tabelle fasst die identifizierten Merkmale der Globalisierung nochmals überblicksartig zusammen.

Vorteile der Globalisierung	Nachteile der Globalisierung
Weltweite Vernetzung von Menschen und Unternehmen	Verschärfter Wettbewerb, der zu Ausbeutung von Arbeitern führt
Politische Annäherung der Kulturen	Abhängigkeit von Exportnationen
Globale Zusammenarbeit	Verlust von nationalen „Grenzen" und nationaler Identität
Großes Warenangebot	Anstieg von Arbeitslosigkeit spezieller Bevölkerungsgruppen
Niedrige Preise für Güter	Soziale Klassen driften noch weiter auseinander
Effiziente Arbeitsteilung	Starke Umweltbelastungen
Steigender Wohlstand	Lokale Probleme werden durch weltweite Verflechtung zu globalen Problemen
Erhöhung der Wirtschaftsleistung	
Wissensaustausch	

Tabelle 1:   Vor- und Nachteile der Globalisierung
(Quelle: Eigene Darstellung)

---

[10] Vgl. Apolte, T. (2007), S. 61
[11] Vgl. Zweifel, P./ Madlener, R. (2007), S. 189

2. Auswirkungen der Globalisierung anhand der Versicherungsbranche

Lange Zeit war die Versicherungsbranche kaum bis keinen Veränderungen unterworfen. Bereits etablierte Vertriebsstrukturen und lange Vertragsbeziehungen führten dazu, dass Versicherer mit ihrem Geschäftsmodell über Jahrzehnte eine sichere Existenz aufgebaut haben. Durch die Globalisierung hingegen muss sich auch die „Branche mit dem Risiko" umstellen, auch wenn sie durch die weltweite Verflechtung ebenfalls Vorteile genießt.

2.1 Auswirkungen auf Unternehmen

Den Unternehmen der Versicherungsbranche kommt die Öffnung und Liberalisierung der Kapitalmärkte besonders zugute, da die Versicherungen international investieren können und so eine höchste Rendite anstreben und länderspezifische Risiken leicht umgehen können. Versicherungen müssen die dauerhafte Erfüllbarkeit ihrer Verträge gewährleisten, was durch den globalen Finanzmarktplatz erleichtert wird. [12]

Auch vor der Zeit der aktuellen Form der Globalisierung gab es internationale Versicherungssachverhalte, die sich auf Seefahrt oder Luftverkehr bezogen haben. Jedoch ist Ausrichtung der meisten Versicherungen sehr lokal begrenzt und reichte häufig nicht über Stadtgrenzen, geschweige denn Landesgrenzen hinaus. Durch die Globalisierung hingegen weiten sich die Risiken für Versicherungsschutzsuchende und Versicherungsanbieter international aus. Durch gesteigerten Tourismus verbreiten sich Seuchen deutlich leichter in alle Erdteile, wodurch nationale Krankenversicherungen mit ganz anderen Problemen zu kämpfen haben als noch vor einigen Jahrzehnten. Ähnlich ist die Situation bei Kfz- oder Haftpflichtversicherungen. In der Regel ist der Versicherungsschutz räumlich begrenzt. Die Mobilität der Menschen weitet sich jedoch immer weiter aus, wodurch diese räumliche Begrenzung innerhalb der Policen von Kfz-Versicherungen nicht mehr zeitgemäß sind. Bei Unternehmen, die weltweit tätig sind, macht es ebenso kaum Sinn, Versicherungsschutz nur auf ein Land oder auch nur einen Kontinent abzuschließen. [13] Versicherungsgesellschaften sehen sich also einer starken Internationalisierung ihrer Geschäftstätigkeit ausgesetzt.

---

[12] Vgl. Basedow, J. (2005), S. 772
[13] Vgl. Basedow, J. (2005), S. 774

Weiterhin führt die Globalisierung dazu, dass die Regelungen innerhalb der Versicherungsbranche unübersichtlicher werden, da bei Dienstleistungen die Frage gestellt werden muss, in welchem Land sie erbracht werden, in welchem Land sie in Anspruch genommen werden, in welchem Land der Hauptsitz der Versicherung ist usw. Da Versicherungen ein immaterielles Gut sind, lässt sich nicht so leicht feststellen, inwieweit die „Ware" über die Landesgrenzen hinweg in Anspruch genommen wird oder eben nicht. Je nach Land können unterschiedliche Regelungen und Regularien für die Versicherungsunternehmen gelten, die beachtet werden müssen. [14]

2.2 Auswirkungen auf die Gesellschaft

Durch die Internationalisierung der Versicherungsbranche profitieren aber nicht nur die Unternehmen selbst, da ihnen auf der ganzen Welt Anlagemöglichkeiten zur Verfügung stehen. Auch die Menschen aus aller Welt profitieren durch die globalisierte Branche. Gerade arme Länder, die das Konzept von Versicherungen gar nicht kennen, können mittlerweile in den Genuss einer Absicherung kommen, da die Versicherungsgesellschaften sich international aufstellen und auch aufstellen müssen. Für einen vergleichsweise kleinen Betrag ermöglichen Versicherer ihren Kunden, dass sie bei Krankheit, Verletzung etc. Unterstützung bekommen. In wirtschaftlich schwachen Regionen stellt das ein großer Vorteil für die Menschen dar. Der Auftritt der Allianz in Indien dient hierfür als gutes Beispiel. [15]

Die Globalisierung bringt aber nicht nur Vorteile für die Versicherungsbranche mit sich. Gerade die Mitarbeiter von Versicherungen sehen sich einer neuen und vor allem anstrengenden Arbeitswelt ausgesetzt. Auf einem internationalen Finanzplatz ist fast immer irgendwo eine Börse geöffnet. Als Mitarbeiter muss man die Veränderungen stets im Blick behalten, weswegen ein klassischer Arbeitstag von 9 bis 5 schwer umzusetzen ist. Auch am Wochenende ist es für viele Vertreter und Manager unabdingbar, erreichbar zu sein, was die Arbeit nicht gerade bequem macht. So führt die Globalisierung dazu, dass sich Arbeits- und Freizeit immer mehr vermischen oder sogar überlagern, gerade in der Versicherungsbranche. [16]

---

[14] Vgl. Basedow, J. (2005), S. 779
[15] Vgl. Jost, S. (2009)
[16] Vgl. Jost, S. (2009)

Die Globalisierung führt aber auch dazu, dass den Menschen mehr Informationen zur Verfügung stehen als jemals zu vor. Die Folge ist eine gestiegene Transparenz innerhalb der Versicherungsbranche. Kunden können sich ohne Probleme z. B. auf Vergleichsportalen informieren. Zudem steht ihnen ein breites Angebot an Versicherungen zur Auswahl inklusive internationalen Anbietern, wodurch sie eine Vielzahl von Preisen sehr gut vergleichen können, was dazu führt, dass sie preissensibler werden. Für Versicherungsunternehmen erhöht sich dadurch der Preisdruck, während die Gesellschaft von niedrigen Preisen profitiert. Vor allem erhält sie mehr Transparenz, welche Leistungen Versicherungen gerade im Vergleich mit ihren Konkurrenten anbieten.

Die Globalisierung führt wie bereits identifiziert zu einem erhöhten internationalen Wettbewerb. Davor ist natürlich auch die Versicherungsbranche nicht gefeit. Um Kosten zu sparen, setzen auch Versicherungen darauf, ihre „Produktion" ins Ausland zu verlagern. So sitzt der Kundendienst beispielsweise in einem Niedriglohnland. Die Versicherung muss deutlich geringere Löhne zahlen, als es in einem europäischen oder nordamerikanischen Hauptstandort der Fall wäre und kann sich so gegenüber der internationalen Konkurrenz behaupten. Die Mitarbeiter vor Ort erhalten für die länderspezifischen Verhältnisse einen sehr hohen Lohn. [17] Einzig die Mitarbeiter aus dem eigentlichen Hauptstandort erleiden Nachteile, da sie für einen so geringen Lohn nicht arbeiten können und dadurch ihre Anstellung verlieren. Ein Teil der Gesellschaft profitiert, während ein anderer Teil unter den Auswirkungen der Globalisierung auf die Versicherungsbranche leidet.

---

[17] Vgl. Jost, S. (2009)

A2: Die UN-Nachhaltigkeitsziele (SDGs)

Als Teil der Agenda 2030 haben die Vereinten Nationen insgesamt 17 Ziele identifiziert und ausgearbeitet, die zu einer nachhaltigeren und gerechteren Welt für alle Menschen führen sollen. Nachfolgende Ausführungen stellen diese 17 Sustainable Development Goals (SDGs) dar.

Anmerkung der Redaktion: Diese Abbildung wurde aus urheberrechtlichen Gründen entfernt.

Abbildung 2:   UN-Nachhaltigkeitsziele der Agenda 2030
                (Quelle: United Nations (2015))

1. Inhalte der UN-Nachhaltigkeitsziele
1. SDG: Keine Armut

Erstes Ziel ist es, die Armut überall auf der Welt und in allen Formen zu beenden. [18]

2. SDG: Kein Hunger

Das zweite Ziele sieht vor, den Hunger zu beenden und Ernährungssicherheit für alle Menschen zu generieren. Außerdem soll eine bessere Ernährung erreicht werden und die Landwirtschaft gefördert werden. [19]

3. SDG: Gesundheit und Wohlergehen

Als Drittes soll ein gesundes Leben für alle Menschen jeden Alters gewährleistet und ihr Wohlergehen gefördert werden. [20]

4. SDG: Hochwertige Bildung

Das vierte Ziel gewährleistet inklusive, gleichberechtigte sowie hochwertige Bildung und fördert die Möglichkeit des lebenslangen Lernens. [21]

---

[18] Vgl. United Nations (2015)
[19] Vgl. United Nations (2015)
[20] Vgl. United Nations (2015)
[21] Vgl. United Nations (2015)

5. SDG: Geschlechtergleichstellung

Beim fünften Ziel wird sich dafür eingesetzt, dass die Gleichstellung der Geschlechter erreicht wird und Frauen und Mädchen zur Selbstbestimmung befähigt werden. [22]

6. SDG: Sauberes Wasser und Sanitätsversorgung

Das sechste Ziel sieht vor, für alle Menschen die Verfügbarkeit und nachhaltige Bewirtschaftung von Wasser und Sanitätsversorgung zu gewährleisten. [23]

7. SDG: Bezahlbare und saubere Energie

Der siebte Bestandteil der Nachhaltigkeitsziele strebt an, den Zugang zu bezahlbarer, verlässlicher, nachhaltiger und moderner Energieversorgung für alle zu sichern. [24]

8. SDG: Menschenwürdige Arbeit und Wirtschaftswachstum

Beim achten Ziel geht es darum, ein dauerhaftes, breitenwirksames und nachhaltiges Wirtschaftswachstum zu ermöglichen. Produktive Vollbeschäftigung und menschenwürdige Arbeit soll für alle gefördert werden. [25]

9. SDG: Industrie, Innovation und Infrastruktur

Das neunte Ziel ist, eine belastbare Infrastruktur aufzubauen, inklusive und nachhaltige Industrialisierung zu fördern sowie Innovationen zu unterstützen. [26]

10. SDG: Weniger Ungleichheiten

Ungleichheit innerhalb von und zwischen Staaten sollen durch das zehnte Ziel verringert werden. [27]

11. SDG: Nachhaltige Städte und Gemeinden

Städte und Siedlungen sollen inklusiv, sicher, widerstandsfähig und auch nachhaltig gestaltet sein.

---

[22] Vgl. United Nations (2015)
[23] Vgl. United Nations (2015)
[24] Vgl. United Nations (2015)
[25] Vgl. United Nations (2015)
[26] Vgl. United Nations (2015)
[27] Vgl. United Nations (2015)

12. SDG: Verantwortungsvolle Konsum – und Produktionsmuster

Das zwölfte Ziel sieht vor, nachhaltige Konsum – und Produktionsmuster sicherzustellen. [28]

13. SDG: Maßnahmen zum Klimaschutz

Beim 13. Ziel geht es darum, umgehend Maßnahmen zur Bekämpfung des Klimawandels und seinen Auswirkungen zu ergreifen. [29]

14. SDG: Leben unter Wasser

Das 14. Ziel ist, Ozeane, Meere und Meeresressourcen im Sinne einer nachhaltigen Entwicklung zu erhalten und auch nachhaltig zu nutzen. [30]

15. SDG: Leben an Land

Als 15. Ziel sollen Landökosysteme geschützt, wiederhergestellt und ihre nachhaltige Nutzung gefördert werden. Außerdem beinhaltet das Ziel die nachhaltige Bewirtschaftung von Wäldern, die Bekämpfung von Wüstenbildung und das Beenden und Umkehren von Bodendegeneration. Dem Verlust der biologischen Vielfalt soll ein Ende gesetzt werden. [31]

16. SDG: Frieden, Gerechtigkeit und starke Institutionen

Das 16. Ziel fördert friedliche und inklusive Gesellschaften für eine nachhaltige Entwicklung. Zudem soll allen Menschen Zugang zu Justiz ermöglicht werden und leistungsfähige, rechenschaftspflichtige und inklusive Institutionen auf allen Ebenen aufgebaut werden. [32]

17. SDG: Partnerschaften zur Erreichung der Ziele

Abschließend geht es darum, Umsetzungsmittel zu stärken und die globale Partnerschaft für nachhaltige Entwicklung mit neuem Leben zu erfüllen. [33]

2. UN-Nachhaltigkeitsziele am Beispiel der GLS Bank

Die SDGs der UN sind keineswegs nur abstrakte Zielsetzungen, sondern lassen sich auch in der Praxis umsetzen. Am Beispiel der GLS Bank soll analysiert werden, welche Teilaspekte von

---

[28] Vgl. United Nations (2015)
[29] Vgl. United Nations (2015)
[30] Vgl. United Nations (2015)
[31] Vgl. United Nations (2015)
[32] Vgl. United Nations (2015)
[33] Vgl. United Nations (2015)

den Nachhaltigkeitszielen der UN umgesetzt werden und durch welche Strategien und Maßnahmen die Zielsetzungen operationalisiert werden. Die GLS Bank unterstützt die Prinzipien der UN für verantwortungsvolles Banking. Diese Prinzipien verpflichten ein Unternehmen dazu, die eigene Strategie auf das Pariser Klimaabkommen sowie die 17 UN-Nachhaltigkeitsziele auszurichten. Das bedeutet, dass die GLS Bank als Ganzes jedes der SDGs unterstützt bzw. verfolgt, weshalb nachfolgend einige der Nachhaltigkeitsziele nur exemplarisch dargestellt werden sollen.

2.1 Analyse der UN-Nachhaltigkeitsziele
5. SDG: Geschlechtergleichstellung:

Die GLS Bank verfolgt das klare Ziel, Chancengleichheit für Männer und Frauen zu erreichen. Im Vorstand herrscht das Paritätsprinzip, sodass zwei Frauen und zwei Männer die Stellen innehaben. Fast Zweidrittel aller Mitarbeiter sind Frauen, wodurch bereits eine hohe Chancengleichheit herrscht. Doch gerade bei der Bezahlung hat das Unternehmen noch zu behebende Unterschiede festgestellt. Im Jahre 2020 ermittelte die Bank den sogenannten Gender-Pay-Gap (GPG), der beschreibt, wie groß der Unterschied bei der Bezahlung zwischen Männern und Frauen ist. Als Ergebnis wurde ein Unterschied von 13,73 % ermittelt, der zwar deutlich unter dem Bundesdurchschnitt von 20,1 % oder dem Durchschnitt in der Finanzbranche (28 %) liegt, aber dennoch Verbesserungspotenzial birgt. Bis zum Jahre 2023 möchte die GLS Bank außerdem Geschlechterparität auf allen Führungsebenen erreichen. [34]

13. SDG: Maßnahmen zum Klimaschutz:

Die GLS Bank setzt sich außerdem in großem Maße für den Klimaschutz ein und bekennt sich daher zu den Zielen des Pariser Klimaabkommen. Des Weiteren hat die Bank das Climate Change Commitment der Global Alliance for Banking on Values (GABV) sowie das Collective Commitment to Climate Action der UN und die UN Principles for Responsible Banking (UN PRB) unterzeichnet. [35] Weiterhin setzt das Unternehmen auf einen Klimafonds, der aus einem nachhaltigen Portfolio unterschiedlicher Anlageklassen besteht, um bspw. den Ausbau von erneuerbaren Energien zu fördern, den die GLS Bank bereits seit 1987 fördert. Mit dem Nachhaltigkeitsziel Klimaschutz hängt somit eng das 7. SDG: Bezahlbare und sauber Energie

---

[34] Vgl. Habel, C., GLS Bank (2021)
[35] Vgl. GLS Bank (2020), S. 18

16

sowie das 9. SDG: Industrie, Innovation und Infrastruktur zusammen, für die sich die GLS ebenfalls konkret einsetzt. Klimaschädliche und kontroverse Branchen werden hingegen kategorisch bei ihren Anlageklassen ausgeschlossen. Der Einsatz, den die GLS Bank für den Klimaschutz zeigt, lässt sich außerdem am „stop climate change" Standard erkennen, mit dem sich das Unternehmen seit 2008 zertifizieren lässt. [36] [37]

15. SDG: Leben an Land:

Die GLS Bank setzt sich in großem Maße für ein gerechtes und nachhaltiges Wohnen ein, sodass die Bank sowohl das 15. SDG aber auch das 10. SDG: Weniger Ungleichheiten und das 11. SDG: Nachhaltige Städte und Gemeinden verfolgt. Diese drei Nachhaltigkeitszielen können im Kontext der GLS Bank grundsätzlich zusammengefasst werden, da sie sich stark ergänzen und durchdringen. Konkret geht es dem Unternehmen darum, Gerechtigkeit auf dem Wohnungsmarkt gerade in Großstädten zu schaffen, um für mehr Solidarität und mehr soziale Vielfalt zu sorgen. Der jetzige Trend sorgt dafür, dass die Mieten immer weiter steigen, aber gerade Geringverdiener sich das Leben in der Stadt nicht mehr leisten können, wodurch Parallelgesellschaften entstehen. Das Ziel liegt jedoch darin, Ungleichheiten zu beseitigen, so wie es das 10. UN-Nachhaltigkeitsziel vorsieht. [38] Beim nachhaltigen Wohnen geht es darum, dass ein angemessenes Verhältnis zwischen Einkommen und Miete bzw. Baufinanzierung besteht, dass umweltverträgliche Materialien verwendet werden und auf erneuerbare Energien gesetzt sowie Wert auf ein harmonisches Miteinander in der Nachbarschaft gelegt wird. [39]

4. SDG: Hochwertige Bildung:

Die GLS Bank verfolgt außerdem das Nachhaltigkeitsziel Bildung und Kultur zu fördern. Daher bauen die Maßnahmen der Bank auf dem 4. SDG auf. Jedoch steht mit diesem Ziel auch das 1. SDG: Keine Armut und das 10. SDG: Weniger Ungleichheiten eng in Verbindung. Bildung ist dabei mehr als nur die Befähigung zur rationalen Urteilsbildung und Wissensvermittlung. Sie ist eher die Grundlage für die individuelle Entfaltung des Menschen, für die eigene Wahrnehmung und die Entwicklung der Kompetenzen und Fähigkeiten der Menschen. Gerade für den sozialen Zusammenhalt ist die Bildung unabdingbar, weswegen die GLS auch private

---

[36] Vgl. GLS Bank (2020), S. 22
[37] Vgl. GLS Bank (2020), S. 53
[38] Vgl. GLS Bank (2020), S. 58-59
[39] Vgl. GLS Bank (2020), S. 60

und alternative Bildungseinrichtungen unterstützt, da Kinder dort angstfrei und individuell lernen und ihrer Persönlichkeit entwickeln können. In Folge werden sie zu ganzheitlichen Menschen erzogen, die ihre kreativen Fähigkeiten entfalten und Verantwortung übernehmen. Mit ihren eigenständigen Fertigkeiten schaffen sie eine friedliche, vielfältige und tolerante Gesellschaft. [40]

2.2 Strategien und Maßnahmen, um die SDG-Ziele zu operationalisieren

Um das 5. UN-Nachhaltigkeitsziel der Geschlechtergleichheit umzusetzen, greift die GLS Bank auf mehrere Maßnahmen zurück. Zunächst sieht das Unternehmen ein Grundeinkommen für alle Beschäftigte vor, das mit einer Gehaltsstaffelung in acht Funktionsgruppen erweitert wird. So lässt sich der GPG anhand von genauen Zahlen identifizieren und gegebenenfalls abstellen. Eine Frauen- und Männerquote analysiert zudem, wie hoch der Anteil der jeweiligen Geschlechter unterteilt nach Funktionsgruppen ist. Nachfolgende Abbildung illustriert den Sachverhalt und hilft ebenfalls dabei, das SDG messbar zu machen. [41] Eine Frauen – und Männerquote stellt dabei ein sehr sinnvolles Messinstrument dar, um diesen Teilbereich sichtbar darzustellen.

Anmerkung der Redaktion: Diese Abbildung wurde aus urheberrechtlichen Gründen enfernt.

Abbildung 3:   Anzahl von Frauen und Männern in den Funktionsgruppen bei der GLS Bank
(Quelle: https://www.gls.de/mitglieder/frauen/chancengleichheit/)

Dasselbe gilt bei der Darstellung einer Gehaltsunterteilung zwischen Männern und Frauen, da es dazu führt, zu identifizieren, in welchen Gehaltsklassen wie viele Frauen und Männer beschäftigt sind. [42] Die Erhebung der GLS Bank kam zu folgendem Ergebnis:

Anmerkung der Redaktion: Diese Abbildung wurde aus urheberrechtlichen Gründen enfernt.

Abbildung 4:   Anteil von Frauen und Männern vom niedrigsten bis zum höchsten Gehaltsquartil bei der GLS Bank
(Quelle: https://www.gls.de/mitglieder/frauen/chancengleichheit/)

---

[40] Vgl. GLS Bank (2020), S. 67-68
[41] Vgl. Habel, C., GLS Bank (2021)
[42] Vgl. Habel, C., GLS Bank (2021)

Um das 15. UN-Nachhaltigkeitsziel auch messbar machen zu können, hat die GLS Bank 2019 beschlossen, ihr gesamtes Anlage – und Kreditportfolio bis 2022 1,5 °C-kompatibel auszurichten. Darunter ist zu verstehen, dass sich die Erderwärmung auf 1,5 °C begrenzen ließe, wenn alle Unternehmen so wirtschaften würden, wie diese, die Teil des Anlage – und Kreditportfolios der GLS Bank sind. Diese 1,5 °C Erwärmung gelten grenzübergreifend als der Wert schlechthin, weshalb es eine sehr zielführende Maßnahme der GLS Bank ist, diesen Wert als Grundlage für ihre Maßnahmen zu nehmen, da es dadurch möglich ist, die eingeschlagenen Strategien wirklich messbar zu machen, während gleichzeitig die Bedingungen geschaffen werden, wirklich etwas für den Klimaschutz zu tun. Konkret sieht die Vorgehensweise der GLS folgendermaßen aus. Zunächst werden die Emissionsdaten für das Portfolio ermittelt und anschließend in die sogenannte X-Grad-Kompatibilität umgerechnet. Diese Kennzahl beschreibt einen Beitrag einer wirtschaftlichen Einheit zur Erderwärmung. [43] Die Maßnahmen und Strategien, um die SGD-Zielsetzungen zu operationalisieren, können wirklich als äußerst gut bewertet werden. Die SDGs der Vereinten Nationen, somit auch das 13. SDG, finden über ein SDG-Mapping Eingang in die Anlage – und Finanzierungsgrundsätze der GLS Bank.

Im Bereich der Gerechtigkeit, beim nachhaltigen Wohnen und dem generellen Leben an Land verfolgt die GLS Bank ambitionierte Ziele. Um diese nun zu operationalisieren und messbar zu machen, greift das Unternehmen auf verschiedene Kennzahlen zurück. Eine davon ist der nWert Audit, der ein Bewertungssystem für nachhaltige Immobilien darstellt und somit im Kontext einer nachhaltigen Operationalisierungsgrundlage als äußerst gut zu bewerten ist. Gerade im Bereich von bezahlbarem Wohnraum sieht die GLS vor, die durchschnittliche Miete je Quadratmeter im Vergleich zum Mietspiegel zu ermitteln. Bei der sozialen Vielfalt wiederum strebt die Bank an, gewisse Quadratmeterzahlen der Wohn- und Nutzfläche für Sonderwohnformen, Gruppen und Einrichtungen freizustellen. [44] Auch hier lassen sich sehr konkrete Zahlen ermitteln. Die Strategien und Maßnahmen bilden die Realität sehr gut ab und führen zu konkreten und genauen Zahlen, mit denen sich arbeiten lässt und auf denen weitere und konkrete Maßnahmen aufgebaut werden können.

---

[43] Vgl. GLS Bank (2020), S. 18-19
[44] Vgl. GLS Bank (2020), S. 61

Das 4. SDG ist ein sehr komplexes Themengebiet, was sich sehr vielfältig gestaltet, wodurch es wiederum schwierig sein kann, eingeschlagene Maßnahmen messbar zu machen, um auch zu prüfen, ob die eigenen Strategien Wirkung zeigen. Durch verschiedene Indikatoren gelingt

es der GLS genau diese Maßnahmen und Strategien zu operationalisieren. So sieht ihr Leitbild für die Zukunft vor, die Anzahl von Schulplätzen mit alternativer Bildung und Inklusionskonzepten zu erhöhen. Außerdem lässt sich anhand der Weiterbildungsausgaben ermitteln, inwieweit sich für die Förderung des Nachhaltigkeitszieles eingesetzt wird. Zusätzlich geht es darum, die Zugangsmöglichkeiten zu verbessern, weswegen als Indikator hierfür das Verhältnis von niedrigstem und höchstem Beitragssatz von Schulangeboten in Betracht gezogen wird. [45] Alle diese Maßnahmen und Strategien lassen sich sehr gut operationalisieren, sodass durch eindeutige Zahlen überprüft werden kann, inwieweit die Zielsetzungen Erfolge zeigen.

---

[45] Vgl. GLS Bank (2020), S. 69

Literaturverzeichnis

Ambrosius, G. (2018), Globalisierung – Geschichte der internationalen Wirtschaftsbeziehungen, Wiesbaden, https://doi.org/10.1007/978-3-658-20836-3.

Apolte, T. (2007), Warum die Politik die Globalisierung nicht liebt, Wirtschaftsdienst 87, https://doi.org/10.1007/s10273-007-0609-1.

Basedow, J. (2005), Globalisierung, Versicherung und Welthandelsrecht (WTO), Zeitschrift für die gesamte Versicherungswissenschaft 94, S. 767-787, https://doi.org/10.1007/BF03353490.

GLS Gemeinschafsbank (2020), Hallo Zukunft, Nachhaltigkeitsbericht 2019, Bochum.

Habel, C., GLS Bank (2021): Chancengleichheit bei der GLS Bank, In: Chancengleichheit bei der GLS Bank - GLS Bank, abgerufen am 22.06.2021.

Hillberg, K. (2020), Projektmanagement im Einkauf – Praxisleitfaden mit Checklisten und Beispielen, 2. Aufl., Wiesbaden, https://doi.org/10.1007/978-3-658-31310-4.

Jost, S. (2009): Einmal um die Welt versichert, In: Allianz: Einmal um die Welt versichert - WELT, abgerufen am 16.06.2021.

Koch, E. (2017), Globalisierung: Wirtschaft und Politik – Chancen – Risiken – Antworten, 2. Aufl., Wiesbaden, https://doi.org/10.1007/978-3-658-08707-4.

Plumpe, W. (2017), Die Globalisierung – eine umkehrbare Geschichte?, Wirtschaftsdienst 97, https://doi.org/10.1007/s10273-017-2140-3.

United Nations (2015): Sustainable Development Goals, In: THE 17 GOALS | Sustainable Development (un.org), abgerufen am 17.06.2021.

Zweifel, P./ Madlener, R. (2007), Potenziale der Globalisierung zu Gunsten der Umwelt, Wirtschaftsdienst 87, https://doi.org/10.1007/s10273-007-0630-4.

!